Cátia Farias

O livro do quindim

e outros doces com ovos

PANDA BOOKS

Diretor editorial
Marcelo Duarte

Diretora comercial
Patty Pachas

Diretora de projetos especiais
Tatiana Fulas

Coordenadora editorial
Vanessa Sayuri Sawada

Assistentes editoriais
Lucas Santiago Vilela
Mayara dos Santos Freitas

Assistentes de arte
Carolina Ferreira
Mario Kanegae

Projeto gráfico, diagramação e capa
Carolina Ferreira

Reportagem
Júlia Bezerra

Fotos
Alexandre Battibugli
Renato Pizzuto

Colaboração
Marli Lopes
Patrícia Sper

Revisão
Telma Baeza Gonçalves Dias

Impressão
RR Donnelley

CIP – BRASIL. CATALOGAÇÃO NA FONTE
SINDICATO NACIONAL DOS EDITORES DE LIVROS, RJ

Farias, Cátia
O livro do quindim e outros doces com ovos / Cátia Farias. –
1. ed. – São Paulo: Panda Books, 2014. 80 pp.

ISBN 978-85-7888-330-0

1. Culinária – Receita. 2. Gastronomia. I. Título.

13-05709 CDD: 641.5
CDU: 641.5

APOIO:
joana dark

2014

Um selo da Editora Original Ltda.
Rua Henrique Schaumann, 286, cj. 41
05413-010 – São Paulo – SP
Tel./Fax: (11) 3088-8444
edoriginal@pandabooks.com.br
www.pandabooks.com.br
twitter.com/pandabooks
Visite também nossa página no Facebook.

A Deus, pelo dom que me deu, permitindo-me trilhar este caminho, e aos três pilares que sustentam a minha trajetória: Ricardo, Cauê e Lucas, minha família.

Sumário

Uma breve história do quindim

Como quase todos os doces que abusam dos ovos, o quindim nasceu em Portugal. Reza a lenda que a delícia foi criada no convento de Santana, na cidade de Leiria. Freiras que engomavam roupas com clara de ovo teriam inventado o doce para não desperdiçar as gemas que sobravam.

Curiosamente, o nome quindim não tem origem portuguesa. O doce foi assim batizado pelos escravos trazidos ao Brasil. A palavra africana significa "encanto", "dengo". Lá em Portugal, o quindim é conhecido como brisa do Lis, que é o nome de um rio de Leiria.

Quando chegou ao Brasil, o quindim ganhou um toque especial: é nossa a ideia de adicionar coco ralado ao docinho. Lá na Terrinha, eles usam amêndoas, mas era difícil encontrá-las por aqui. Incorporar frutas tropicais aos doces que chegaram ao país na época da colonização era um costume comum. Hoje, já é possível encontrar quindim com coco ralado em Portugal. Adivinhe o nome do sabor: quindim brasileiro!

Por que quindim?

Não existe nenhum motivo sentimental ou nostálgico que tenha influenciado minha decisão de me dedicar à cozinha do doce.

Em meados do ano 2000, decidi fazer um curso do Álvaro Rodrigues, um *chef* que tinha um quadro no programa da Ana Maria Braga nos anos 1990 e que eu adorava! Na grade do curso havia duas receitas de quindim. Quando vi aquilo, tive um estalo: "Se ele consegue alterar os ingredientes do quindim, por que não tentar?".

Muito antes disso, no entanto, em 1987, o quindim já marcava presença na minha vida. No meu casamento, o bolo estava rodeado de quindins. Parece que foram colocados lá para me avisar: "Um dia, ainda seremos parceiros". Eu acredito nessas coisas do destino. Tudo acontece por um motivo.

As dificuldades

Fazer quindins era só uma diversão até meados de 2008. Nesse ano, a empresa que meu marido, Ricardo, tinha acabado de abrir quebrou como reflexo da crise internacional. Nós tínhamos investido todas as nossas economias no negócio, que atuava no ramo metalúrgico de contêineres. Da noite para o dia, perdemos tudo: apartamento, carro, moto, dinheiro, pertences pessoais. Meus filhos Lucas e Cauê tiveram de trancar as matrículas na faculdade.

No aperto, eu tive de me virar. Pensei em vender quindins, mas ninguém botou fé. Então, comecei a produzir salgados: quiches, tortas, esfihas, tudo muito bem-feito, do jeitinho que eu fazia para a minha família.

E não é que deu certo? Minha casa virou uma fábrica de salgados! O Ricardo, engravatado, picava cebola e tomate. Os meninos faziam as entregas. Cheguei a fazer setecentas esfihas por dia! Apesar da produção intensa, o dinheiro que ganhávamos não era o suficiente para manter uma casa. Tínhamos de encontrar outra solução.

Fomos, então, morar em um cantinho de nove metros quadrados que estava disponível na casa da minha irmã. Foi uma fase muito difícil: eu não tinha mais uma casa, um cheiro, um livro que pudesse chamar de meu. Lá não dava para fazer as esfihas e, com o pouco dinheiro que tínhamos, não conseguíamos comprar nem remédio para gripe. A vida estava se tornando cada dia mais árdua.

Mas nem isso me fez perder as esperanças. Não consegui me acomodar com aquela situação. Decidi dar a volta por cima, sem perder o sorriso e o bom humor.

O começo

Em 2010, ainda sem saber como resolver a nossa situação familiar, finalmente conseguimos vender o apartamento em que morávamos. Pagamos todos os amigos que haviam nos ajudado e guardamos o restante para investir em algo que pudesse nos dar retorno.

Foi aí que eu me lembrei de Rolando Massinha, que tem uma história parecida com a minha. Eu havia me identificado com ele depois de ver uma entrevista da Ana Maria Braga e decidi conhecê-lo.

Marcamos um encontro e nos tornamos grandes amigos. Foi então que, em um dos passeios dele com o meu marido pelo Tatuapé, os dois avistaram uma pequena lojinha disponível para aluguel.

O local tinha apenas 17 metros quadrados e estava fechado havia oito anos. Antes disso, por quarenta anos, lá havia funcionado uma quitanda. Como o valor do aluguel se adequava ao que a gente podia pagar, não pensamos duas vezes. Fechamos o negócio sem nem fazer uma pesquisa de mercado.

Para fazer a obra, contratamos dois pedreiros. A planta, nós mesmos fizemos. A obra foi uma gestação: só ficou pronta depois de nove meses. Foi o Cauê, meu filho mais velho, quem resgatou a ideia do quindim. Como não tínhamos nada a perder, abrimos o Bendito Quindim.

O sucesso

Um dia, quando ainda estávamos reformando a loja, Rolando me ligou: "Faz uma caixa caprichada de quindins que eu vou te levar até um lugar". Chegando lá, descobri que o lugar era a TV Globo.

Mandaram-me aguardar em uma sala. As pessoas foram entrando e, curiosas, começaram a perguntar tudo: "Como assim, quindins coloridos? Quando você começou a fazer isso? Como teve a ideia de vender esses doces?". Contei minha história e, quando me dei conta, estavam todos chorando. Eles comeram meus quindins e não disseram mais nada, mas eu saí de lá radiante: sabia que algo estava para acontecer.

www.benditoquindim.com.br
BENDITO QUINDIM
3805-7381

BENDITO QUINDIM

Em 26 de julho de 2011, conseguimos finalmente inaugurar a loja. Dois dias depois, Felipe Suhre, repórter da Ana Maria Braga, apareceu no Bendito Quindim para fazer uma reportagem.

Aquilo foi inacreditável! O pior é que o meu marido sabia de tudo e não me falou nada. Felipe tinha ligado para ele três meses antes, e os dois haviam combinado manter segredo.

A partir desse dia, a loja fez um sucesso de maneira inacreditável. As pessoas enfrentavam filas de até quatro horas para provar o quindim.

O mais gostoso é que, além de vender quindins, eu passei a compartilhar minha história. A situação que vivi é a mesma de várias pessoas, então elas se identificam comigo. Isso faz com que muita gente vá à minha loja para pedir conselhos. Eu sinto que tenho uma responsabilidade social, e é isso que me faz feliz.

A vida inteira eu ouvi as pessoas me dizendo: "Você cozinha tão bem, por que não abre alguma coisa?". Não precisei de pressa: veio tudo no tempo certo. Nós fizemos da dificuldade a nossa oportunidade.

Receitas

Minha casa é muito festeira. E sempre que festejamos, a comida está presente. Eu costumo cozinhar de tudo – os doces, os salgados, os pratos principais, os acompanhamentos... Não compro nada pronto!

Cozinhar é uma experiência maravilhosa, mas há um ingrediente especial que não tem preço: o amor. Eu consigo ter amor por um tomate! Quando colocamos nosso sentimento no preparo, tudo fica mais gostoso.

Para acompanhar os quindins e completar a mesa de doces selecionei as minhas receitas mais queridas para compartilhar com você, leitor, mas não se esqueça de adicionar seu carinho ao fazê-las.

Segredos do quindim

O que ter na cozinha

Para fazer quindins é necessário que você tenha recipientes, espátulas, *fuet* e forminhas.

Outra coisa fundamental na cozinha é a balança. No preparo de doces, é imprescindível seguir um padrão. Hoje, o acesso às balanças de cozinha é bem fácil, e você verá como faz a maior diferença.

Forminhas

Antes de fazer os seus quindins é essencial preparar as forminhas. Pode ser qualquer uma, daquelas para doces, desde que não tenha cantos vivos.

Primeiro, prepare uma solução de glucose: 400 gramas de glucose branca e ¼ de xícara de chá de água filtrada. Leve ao fogo até que a mistura aqueça e derreta.

Depois, unte as forminhas: coloque glucose branca suficiente para cobrir o fundo delas e deixe-as descansar por pelo menos 10 minutos. Agora as forminhas estão prontas.

Dando sabor ao quindim

No começo dos anos 2000, saborizar o quindim era caríssimo! Quando dava, eu comprava algumas pastas e brincava com os sabores. Demorou até eu acertar o ponto: cada pasta tem uma acidez e, se você não tomar cuidado, a gema talha na hora.

Passados dez anos desde quando comecei a brincar de fazer quindins, o acesso a ingredientes importados aumentou consideravelmente. Quando abri o Bendito Quindim, em 2010, não foi difícil ousar.

Faço questão de quebrar um paradigma: na cozinha, não tem milagre! O segredo está nos bons ingredientes. A culinária só é difícil para quem nunca se arriscou. Quem está minimamente familiarizado com a cozinha vai conseguir fazer as receitas deste livro muito tranquilamente.

O quindim é um doce mais doce do que qualquer outro doce! Essa peculiaridade pode ser amenizada colocando-se mais coco do que o normal na receita.

Gemas naturais X pasteurizadas

Com receitas que levam muita gema, é necessário um cuidado extra. Muitas pessoas não comem quindim e, na maioria das vezes, o motivo é o gosto forte de ovo. O segredo é um só: peneirar a gema! Para o quindim, o aconselhável é peneirá-las duas vezes, deixando que elas passem naturalmente pela peneira, sem o uso da colher.

Você também pode usar gemas pasteurizadas, vendidas de forma líquida. O resultado final é o mesmo. Usando as pasteurizadas, no entanto, você evita ter de peneirar as gemas para o quindim não ficar enjoativo. Essas gemas são mais caras, sim. Mas hoje o preço delas é acessível: vale a pena para quem quiser investir em praticidade.

Assando o quindim

Geralmente, o tempo de forno do quindim é de aproximadamente 35 minutos. Lembre-se, no entanto, de que cada forno tem um tipo de distribuição de calor. Por isso, fica difícil estabelecer o tempo exato. Você acabará ajustando o tempo necessário de acordo com o seu equipamento.

O quindim é um doce muito delicado. É normal que, em uma fornada, alguns saiam rachados. Não descarte essas unidades: isso não altera o sabor do doce.

O banho-maria

O banho-maria é usado para controlar a temperatura de cozimento. O recipiente que contém o alimento fica em contato direto com a água, que não ultrapassa os 100 °C (ao passar dessa temperatura, a água evapora). Isso é importante para o quindim, pois faz com que a gema mantenha a temperatura média de 60 °C, ideal para que ela cozinhe sem talhar.

O ponto do quindim

Para saber se seu quindim está pronto, você deve verificar se ele está firme ao toque. Você pode fazer isso com os próprios dedos, se aguentar o calor do doce recém-assado. Caso esteja muito quente, um truque é usar uma luva de borracha. Outro, é pressionar levemente o quindim com a ajuda de uma colher ou de uma faca de sobremesa deitada. Desse jeito, você vai sentir se a massa está firme o suficiente para não desmanchar quando for desenformada.

Quindins

Quindim tradicional

Rende cerca de 62 quindins (4 X 2 cm)

Ingredientes

- 250 g de coco fresco ralado fino
- 500 g de açúcar peneirado
- 60 g de manteiga sem sal derretida
- 18 gemas peneiradas (320 g de gemas pasteurizadas)
- ½ colher (chá) de baunilha (opcional)

Quindão

Se você preferir um quindão, também pode usar esta receita. Ela é suficiente para fazer um!

Modo de fazer

Prepare as forminhas, seguindo as instruções de "Forminhas", página 21.

Em uma vasilha grande, coloque o coco e o açúcar. Amasse com as mãos, até o açúcar incoporar no coco, resultando em uma massa com liga e homogênea. Em seguida, acrescente a manteiga e misture bem. Cubra com filme plástico e deixe descansando na geladeira de 6 a 12 horas.

Depois do descanso, retire a mistura da geladeira e descompacte-a até que fique bem soltinha. Acrescente as gemas e a baunilha (opcional) e, com o auxílio de um *fuet*, misture bem, deixando a massa homogênea. Coloque a mistura até a borda das forminhas e deixe descansar por 20 minutos antes de assar.

Preaqueça o forno a 180 °C por 10 minutos. Leve os quindins para assar em banho-maria por cerca de 35 minutos, até que dourem e fiquem firmes ao toque. Tire-os do forno e só os desenforme quando já estiverem frios. Decore com fios de ovos ou a gosto, leve à geladeira e sirva frio.

Crie seu quindim

Na cozinha, há dois ingredientes essenciais: bom senso e criatividade. Hoje, existe uma gama de produtos gastronômicos à disposição, então não há desculpa para não experimentar. Para criar seu sabor de quindim é só acrescentar ingredientes a essa receita tradicional. Uma ideia é colocar um licor ou outra bebida. Por que não?

Quindim de coco queimado

Rende cerca de 62 quindins (4 X 2 cm)

Ingredientes

Coco queimado

- 250 g de coco fresco ralado fino
- ¼ xícara (chá) de açúcar
- 50 ml de água

Quindim

- 125 g de coco fresco ralado fino
- 250 g de coco queimado
- 500 g de açúcar peneirado
- 60 g de manteiga sem sal derretida
- 50 ml de leite de coco
- 18 gemas peneiradas (320 g de gemas pasteurizadas)

Modo de fazer

Coco queimado

Coloque os ingredientes em uma panela e leve ao fogo, mexendo sempre, até dourar. Retire metade para o preparo do quindim e reserve o restante para decorar.

Quindim

Prepare as forminhas, seguindo as instruções de "Forminhas", página 21.

Em uma vasilha, coloque o coco fresco, 125 gramas de coco queimado e o açúcar. Misture bem. Acrescente a manteiga, não parando de misturar. Junte o leite de coco, ainda mexendo bem. Cubra a mistura com filme plástico e deixe descansando na geladeira de 6 a 12 horas.

Depois, retire a mistura e descompacte-a até que fique bem soltinha. Adicione as gemas e, com o auxílio de um *fouet*, misture bem até a massa ficar homogênea. Coloque a mistura até a borda das forminhas e deixe descansar por 20 minutos antes de assar.

Preaqueça o forno a 180 °C por 10 minutos. Leve os quindins para assar em banho-maria, por cerca de 35 minutos, até que dourem e fiquem firmes ao toque. Tire-os do forno e só os desenforme quando já estiverem frios. Decore com o restante do coco queimado, leve à geladeira e sirva frio.

Quindim de chocolate belga

Rende cerca de 62 quindins (4 X 2 cm)

Ingredientes

- 250 g de coco fresco ralado fino
- 500 g de açúcar peneirado
- 60 g de manteiga sem sal derretida
- 18 gemas peneiradas (320 g de gemas pasteurizadas)
- 50 g de cacau em pó
- Raspas de chocolate para decorar

Modo de fazer

Prepare as forminhas, seguindo as instruções de "Forminhas", página 21.

Em uma vasilha, coloque o coco e o açúcar. Amasse com as mãos até o açúcar incoroporar no coco, resultando em uma massa com liga e homogênea. Acrescente a manteiga, misturando bem. Cubra com filme plástico e deixe descansando na geladeira de 6 a 12 horas.

Depois, retire a mistura da geladeira e descompacte-a até que fique bem soltinha. Adicione as gemas e, com o auxílio de um *fuet*, misture até que a massa fique homogênea. Em seguida, adicione o cacau em pó e mexa bem. Ponha a mistura até a borda das forminhas e deixe descansar por 20 minutos antes de levá-las para assar.

Preaqueça o forno a 180 °C por 10 minutos. Asse os quindins em banho-maria por cerca de 35 minutos, até que dourem e fiquem firmes ao toque. Só os desenforme quando já estiverem frios. Decore com raspas de chocolate, leve à geladeira e sirva frio.

Quindim de abacaxi

Rende cerca de 62 quindins (4 X 2 cm)

Ingredientes

Doce de abacaxi

- ½ abacaxi descascado e bem picado
- 50 g de açúcar

Quindim

- 125 g de coco fresco ralado fino
- 500 g de açúcar
- 60 g de manteiga sem sal derretida
- 125 g de doce de abacaxi
- 18 gemas peneiradas (320 g de gemas pasteurizadas)
- ½ colher (chá) de essência de abacaxi

Modo de fazer

Doce de abacaxi

Leve ao fogo médio o abacaxi e o açúcar, mexendo levemente, até obter um doce apurado e sem líquido. Lembre-se de separar parte do doce para decorar o quindim.

Quindim:

Prepare as forminhas, seguindo as instruções de "Forminhas", página 21.

Amasse o coco e o açúcar com as mãos, até o açúcar incorporar no coco, resultando em uma massa com liga e hemogênea. Junte a manteiga e o doce de abacaxi e mexa bem. Por último, acrescente as gemas e a essência de abacaxi. Misture tudo novamente, até obter uma massa homogênea. Coloque a massa nas forminhas untadas com glucose. Leve para descansar na geladeira de 6 a 12 horas.

Preaqueça o forno a 180 °C por 10 minutos. Asse os quindins em banho-maria por cerca de 35 minutos, até que dourem e fiquem firmes ao toque. Tire-os do forno e só os desenforme quando estiverem frios. Use o que sobrou do doce de abacaxi como cobertura e decoração, leve à geladeira e sirva frio.

Quindim de amêndoas

Rende cerca de 35 quindins (4 X 2 cm)

Ingredientes

- 100 ml de água
- 225 g de açúcar granulado
- 10 g de manteiga sem sal derretida
- 10 gemas peneiradas (175 g de gemas pasteurizadas)
- 75 g de farinha de amêndoas ou amêndoas trituradas
- 1 clara
- ½ colher (sobremesa) de essência de amêndoas
- ½ colher (sobremesa) de licor de amêndoas (opcional)
- Lâminas de amêndoas para decorar

Modo de fazer

Prepare as forminhas, seguindo as instruções de "Forminhas", página 21.

Em uma panela, misture a água e o açúcar granulado e leve ao fogo médio até obter uma calda em ponto de fio fraco. Junte a manteiga e reserve até esfriar.

Em seguida, agregue as gemas, as amêndoas, a clara, a essência de amêndoas e o licor. Misture bem.

Coloque a massa nas forminhas untadas e leve para descansar na geladeira por 5 horas.

Preaqueça o forno a 180 °C por 10 minutos. Asse os quindins em banho-maria por cerca de 35 minutos, até que dourem e fiquem firmes ao toque. Tire os quindins do forno e só os desenforme quando já estiverem frios. Decore com lâminas de amêndoas, leve à gelaeira e sirva frio.

Quindim de nozes

Rende cerca de 35 quindins (4 X 2 cm)

Ingredientes

- 100 ml de água
- 225 g de açúcar granulado
- 10 g de manteiga sem sal derretida
- 10 gemas peneiradas (175 g de gemas pasteurizadas)
- 1 clara
- 75 g de farinha de nozes trituradas
- ½ colher (sobremesa) de essência de nozes
- ½ colher (sobremesa) de licor de nozes ou rum (opcional)
- Nozes picadas para decorar

Modo de fazer

Prepare as forminhas, seguindo as instruções de "Forminhas", página 21.

Numa panela, misture a água e o açúcar granulado e leve ao fogo médio até obter uma calda em ponto de fio fraco. Junte a manteiga e reserve até esfriar.

Em seguida, agregue as gemas, a clara, a farinha de nozes, a essência e o licor. Misture bem.

Coloque a massa nas forminhas untadas e leve para descansar na geladeira por 5 horas.

Preaqueça o forno a 180 °C por 10 minutos. Asse os quindins em banho-maria por cerca de 35 minutos, até que dourem e fiquem firmes ao toque. Tire os quindins do forno e só os desenforme quando já estiverem frios. Decore com nozes, leve à geladeira e sirva frio.

Quindim de café

Rende cerca de 62 quindins (4 X 2 cm)

Ingredientes

Extrato de café

- ½ xícara (chá) de água fervente
- 1 vidro de 100 g de café solúvel

Quindim

- 250 g de coco fresco ralado
- 500 g de açúcar
- 60 g de manteiga derretida
- 18 gemas peneiradas (320 g de gemas pasteurizadas)
- 25 ml de extrato de café
- Raspas de chocolate ou grãos de café para decorar

Modo de fazer

Extrato de café

Coloque a água fervente dentro da própria embalagem de vidro do café. Mexa bem até dissolvê-lo e deixe esfriar. Você pode conservar na geladeira por até três meses.

Quindim

Prepare as forminhas, seguindo as instruções de "Forminhas", página 21.

Amasse o coco e o açúcar com as mãos, até o açúcar incorporar no coco, resultando em uma massa com liga e homogênea. Em seguida, junte a manteiga e misture. Acrescente as gemas e as envolva. Por último, coloque o extrato de café. Misture bem e coloque a massa nas forminhas com glucose. Deixe descansar na geladeira de 6 a 12 horas.

Preaqueça o forno a 180 °C por 10 minutos. Asse os quindins em banho-maria por cerca de 35 minutos, até que dourem e fiquem firmes ao toque. Tire os quindins do forno e só os desenforme quando estiverem frios. Decore com raspas de chocolate ou grãos de café, leve à geladeira e sirva frio.

Quindim trufado de chocolate belga

Rende cerca de 25 quindins (4 X 2 cm)

Ingredientes

- 100 g de açúcar
- ¼ de xícara (chá) de água
- 125 g de chocolate meio amargo picado
- 125 g de creme de leite UHT
- ½ colher (sopa) de mel
- 5 g de manteiga sem sal
- ½ colher (chá) de essência de rum
- ½ colher (chá) de essência de baunilha
- ⅛ de xícara (chá) de rum
- 75 g de coco fresco ralado
- 7 gemas peneiradas (115 g de gemas pasteurizadas)

Modo de fazer

Prepare as forminhas, seguindo as instruções de "Forminhas", página 21.

Com o açúcar e a água, faça uma calda em ponto de fio médio e reserve.

Em uma tigela, coloque o chocolate picado, o creme de leite, o mel e a manteiga. Leve ao micro-ondas para derreter. Misture até que fique homogêneo. Acrescente as essências e o rum. Quando o creme de chocolate estiver morno, junte a calda reservada, o coco e, por último, as gemas, sempre mexendo bem.

Misture bem e coloque nas forminhas untadas. Deixe descansar na geladeira de 6 a 12 horas.

Preaqueça o forno a 180 °C por 10 minutos. Asse os quindins em banho-maria por cerca de 35 minutos, até que dourem e fiquem firmes ao toque. Tire os quindins do forno e só os desenforme quando estiverem frios. Decore a gosto, leve à geladeira e sirva frio.

Quindim de maracujá

Rende cerca de 62 quindins (4 X 2 cm)

Ingredientes

- 250 g de coco fresco ralado
- 500 g de açúcar
- 60 g de manteiga sem sal derretida
- 18 gemas peneiradas (320 g de gemas pasteurizadas)
- 25 ml de suco de maracujá concentrado

Modo de fazer

Prepare as forminhas, seguindo as instruções de "Forminhas", página 21.

Amasse o coco e o açúcar com as mãos, até o açúcar incorporar no coco, resultando em uma massa com liga e homogênea. Junte a manteiga e misture. Adicione as gemas e envolva. Então, coloque o suco de maracujá. Mexa bem e coloque a massa nas forminhas untadas. Deixe descansar na geladeira de 6 a 12 horas.

Preaqueça o forno a 180 °C por 10 minutos. Asse os quindins em banho-maria por cerca de 35 minutos, até que dourem e fiquem firmes ao toque. Tire os quindins do forno e só os desenforme quando já estiverem frios. Decore a gosto, leve à geladeira e sirva frio.

Outros doces com ovos

Queijadinha portuguesa

Rende cerca de 50 queijadinhas

Ingredientes

Massa

- 125 g de farinha peneirada
- ½ colher (sopa) cheia de açúcar
- ½ colher (sobremesa) de açúcar de baunilha
- ½ pitada de sal
- 50 g de manteiga sem sal
- 1 ½ colher (sopa) de água

Recheio

- 1 ½ xícara (chá) de açúcar
- 1 xícara (chá) de coco fresco ralado fino
- ½ xícara (chá) de queijo parmesão ralado fino
- 2 colheres (sopa) rasas de farinha peneirada
- ½ vidro de leite de coco
- 6 gemas peneiradas (110 g de gemas pasteurizadas)
- 1 colher (sobremesa) de manteiga sem sal
- ½ colher (sopa) de essência de baunilha

Modo de fazer

Massa

Em uma tigela grande, coloque todos os ingredientes secos (farinha, açúcares e sal), adicione a manteiga e esfarele com a ponta dos dedos até obter uma farofa úmida. Por último, acrescente a água e amasse delicadamente até que resulte em uma massa lisa e macia. Embrulhe em filme plástico ou papel-alumínio e deixe descansar na geladeira por 30 minutos.

Recheio

Em uma panela coloque o açúcar, o coco, o parmesão, a farinha, o leite de coco, as gemas e a manteiga. Leve ao fogo baixo e mexa sempre, até formar um creme. Retire do fogo e acrescente a baunilha. Reserve até que esfrie.

Cubra forminhas de empada grande com a massa. Depois, coloque o recheio já frio. Leve ao forno preaquecido a 180 °C e asse até dourar. A massa começa a desgrudar da forminha. Isso costuma acontecer entre 25 e 30 minutos. Desenforme quando as queijadinhas já estiverem frias.

Dica

O cozimento no forno a gás de botijão é mais lento do que no forno a gás de rua, que é mais lento do que no forno elétrico. Por isso que é difícil estimar o tempo de preparo das receitas. Tenha isso em mente ao assar massas.

Pudim de claras

Rende 12 porções

Ingredientes

- 2 xícaras (chá) de açúcar e mais 450g
- 12 claras de ovos grandes
- 1 colher (café) de fermento em pó
- Raspas de 1 limão

Modo de fazer

Leve 2 xícaras (chá) de açúcar ao fogo baixo e deixe caramelizar até que fique dourado. Unte imediatamente uma forma de pudim com o caramelo. Reserve.

Bata as claras em neve. Ainda batendo, acrescente 450 gramas de açúcar, aos poucos. Bata por aproximadamente 10 minutos até chegar ao ponto de merengue firme. Junte o fermento e as raspas de limão. Coloque a mistura na forma caramelizada.

Ponha a forma dentro de uma panela que tenha diâmetro e altura de pelo menos 2 centímetros a mais que a forma do pudim. Coloque três dedos de água na panela. Tampe completamente a forma do pudim, leve ao fogo baixo e deixe cozinhar até que o pudim cresça e levante a tampa. Desligue o fogo e deixe esfriar ali mesmo.

Desenforme quando estiver frio e leve à geladeira. Sirva gelado.

Ambrosia de doce de leite

Rende 6 porções grandes

Ingredientes

- 1,5 l de leite integral
- 600 g de doce de leite
- 2 paus de canela
- 8 cravos-da-índia
- Casquinha fina de 1 limão
- 5 ovos peneirados e batidos

Modo de fazer

Em uma panela, misture o leite e o doce de leite. Junte a canela, os cravos e a casca de limão. Leve ao fogo baixo por aproximadamente 10 minutos, até que o caldo dê uma engrossada. Regue a mistura delicadamente com os ovos batidos e deixe mais 10 minutos no fogo para cozinhar. Mexa e deixe no fogo por mais 10 minutos. Coloque em uma compoteira ou travessa e sirva gelado ou em temperatura ambiente.

Arroz-doce português

Rende 25 porções

Ingredientes

- ¾ xícara (chá) de arroz
- 1 ½ xícara (chá) de água
- 1 pau de canela
- 750 ml de leite integral
- ½ fava de baunilha
- ½ lata de leite condensado
- ¼ de xícara (chá) de açúcar
- ½ caixa de creme de leite
- 5 gemas peneiradas (90 g de gemas pasteurizadas)

Modo de fazer

Cozinhe o arroz na água com a canela. Ferva o leite e junte a fava de baunilha (aberta e raspada), o leite condensado e o açúcar. Cozinhe a mistura até ela ficar cremosa. Tempere as gemas com duas colheres do creme quente e, em seguida, coloque o restante do creme e as gemas na panela do arroz, misturando vigorosa e rapidamente para não talhar. Cozinhe por mais 5 minutos. Desligue o fogo, acrescente o creme de leite e mexa.

Sirva na temperatura de sua preferência e polvilhe canela em pó a gosto.

Por que temperar as gemas?

Se você jogar a gema direto no creme, ela cozinha instantaneamente. Mas o intuito é que a gema contribua para a cremosidade do arroz-doce. Quando temperamos a gema com colheradas do creme quente, o choque térmico é quebrado, e a gema não cozinha ao entrar em contato com o restante da mistura.

Gemas demais?

Não se assuste! A receita leva gema mesmo! É isso que a deixa tão cremosa e com uma coloração mais forte do que o arroz-doce convencional.

Sonho

Rende 30 sonhos

Ingredientes

Massa

- 38 g de fermento biológico para pão
- 2 colheres (sopa) de açúcar
- 125 ml de leite integral
- 60 g de manteiga sem sal
- 3 ovos inteiros
- 2 gemas de ovos (35 g de gemas pasteurizadas)
- ½ colher (chá) de essência de baunilha
- ½ colher (sobremesa) de raspas de limão
- ½ pitada de sal
- 500 g de farinha

Creme de confeiteiro

- 1 l de leite
- 1 lata de leite condensado
- ½ xícara (chá) de açúcar
- 6 gemas peneiradas (105 g de gemas pasteurizadas)
- 60 g de amido de milho
- 60 g de farinha
- 2 colheres (sopa) de rum
- 1 colher (sobremesa) de essência de baunilha ou 1 fava de baunilha
- Açúcar de confeiteiro para polvilhar

Modo de fazer

Massa

Em uma tigela, dissolva o fermento com o açúcar, junte os demais ingredientes e adicione a farinha aos poucos, até obter uma massa homogênea no ponto para rasgar. Coloque a massa sobre uma superfície de trabalho e rasgue-a bem. Deixe a massa crescer até que dobre de tamanho.

Abra a massa com ajuda de um rolo sobre uma mesa polvilhada com farinha. Com as mãos, corte a massa em pedaços de 30 gramas e deixe crescer novamente. Frite em óleo quente.

Como rasgar a massa?

Coloque a massa ainda mole em uma superfície. Empurre a massa com a palma da mão e puxe-a usando os dedos. Você vai perceber que a massa ficará cada vez mais branca. Quando ela estiver bem branquinha, polvilhe farinha para secá-la. Faça uma bola de massa. O ideal é que o interior dela fique úmido e que por fora ela esteja sequinha.

Creme de confeiteiro

Em uma panela, coloque o leite, o leite condensado, o açúcar, as gemas, o amido de milho e a farinha. Leve ao fogo, mexendo até obter um creme firme. Deixe esfriar e então misture os outros ingredientes.

Recheie os sonhos com a ajuda de um saco de confeiteiro e, para finalizar, polvilhe açúcar de confeiteiro.

Bolo gelado de refrigerante de laranja

Rende 25 porções

Ingredientes

Massa

- 6 ovos
- 2 xícaras (chá) de açúcar
- 2 xícaras (chá) de farinha peneirada
- 1 xícara (chá) de refrigerante de laranja
- 1 colher (sopa) fermento em pó
- Coco fresco ralado para decorar

Calda

- 1 vidro de leite de coco
- 1 lata de leite condensado
- 1 lata de leite

Modo de fazer

Massa

Separe as claras das gemas. Bata as claras em ponto de neve, junte as gemas peneiradas uma a uma e o açúcar. Bata até obter um creme branco. Junte a farinha, o refrigerante de laranja e por último o fermento. Coloque a massa em uma forma untada de 35 centímetros de diâmetro e leve ao forno preaquecido a 160 °C por aproximadamente 35 minutos ou até dourar.

Calda

Bata todos os ingredientes no liquidificador. Fure a massa com um palito – use o de churrasco, pois ele é comprido o suficiente para atingir o fundo da assadeira. Jogue a calda por cima do bolo ainda quente. Deixe a massa absorvê-la e cubra com coco ralado. Passe filme plástico sobre a superfície e deixe na geladeira de um dia para o outro. Morra de comer, porque é bom demais!

Bolo domingueiro

Eu chamo esse bolo de "domingueiro", por ser uma receita antiga, tradicional, nostálgica, ideal para ser apreciada em família. Eu costumo servi-lo diretamente na forma em que foi assado. Esse bolo também faz sucesso em festinhas infantis. Nesses casos, corte-o em pedaços e embrulhe em papel-alumínio, para manter a baixa temperatura.

Bolo gelado de coco

Rende aproximadamente 24 pedaços

Ingredientes

Massa

- 5 ovos grandes peneirados
- 2 xícaras (chá) de açúcar
- 1 xícara (chá) de leite
- 1 colher (chá) de essência de baunilha
- 2 xícaras (chá) de farinha peneirada
- 1 colher (sopa) de fermento em pó

Creme de confeiteiro

- 3 gemas peneiradas (50 g de gemas pasteurizadas)
- 1 lata de leite condensado
- 50 g de amido de milho
- 3 xícaras (chá) de leite
- 1 colher (chá) de essência de baunilha

Cobertura

- 2 claras
- 1 colher (sopa) de açúcar
- 1 lata de creme de leite sem soro gelado
- 150 g de coco ralado fresco ou seco

Calda

- 3 xícaras (chá) de leite integral fervido
- 1 lata de leite condensado
- 1 vidro de leite de coco

Modo de fazer

Massa

Bata os ovos com o açúcar até obter um creme esbranquiçado. Adicione o leite e a baunilha, misturando bem. Aos poucos, acrescente a farinha e, por último, o fermento. Em forma untada e enfarinhada, leve ao forno preaquecido a 180 °C e asse por aproximadamente 35 minutos.

Creme de confeiteiro

Enquanto o bolo assa, prepare o creme. Em uma panela, coloque as gemas, o leite condensado, o amido de milho e o leite. Leve ao fogo e mexa sem parar até engrossar. Adicione a essência de baunilha e misture bem. Despeje o creme em um recipiente e cubra com filme plástico, de modo que ele fique bem colado ao creme. Leve à geladeira e deixe esfriar.

Cobertura

Bata as claras até o ponto de neve firme. Junte o açúcar e bata bem. Acrescente o creme de leite e misture delicadamente, sem bater. Reserve o coco ralado para decorar.

Calda

Misture todos os ingredientes e reserve.

Montagem

Antes de montar o bolo, bata o creme de confeiteiro até obter uma consistência bem cremosa.

Corte a massa ao meio. Na mesma forma em que assou, coloque a primeira metade no fundo e regue com metade da calda. Aplique todo o creme de confeiteiro e cubra com a outra metade da massa. Regue com o restante da calda e leve à geladeira por 1 hora.

Passado esse tempo, cubra o bolo todo com a cobertura e coloque por cima uma camada de coco ralado. Deixe gelar até o dia seguinte.

Sirva diretamente na forma ou corte em pedaços iguais e embrulhe em papel-alumínio. Conserve sempre em geladeira.

Bolo Bendito Quindim

Rende 25 porções

Ingredientes

Massa

- 6 ovos grandes peneirados e em temperatura ambiente
- 2 xícaras (chá) de açúcar
- 1 pitada de sal
- ½ xícara (chá) de água fervendo
- ⅓ de xícara (chá) de licor de cacau
- 1 xícara (chá) de nozes moídas
- ¼ de xícara (chá) de achocolatado em pó
- 2 xícaras (chá) de farinha peneirada
- 1 colher (chá) rasa de bicarbonato de sódio
- 1 colher (sopa) de fermento em pó

Creme de nozes

- 395 g de doce de leite
- 1 colher (sopa) de farinha peneirada
- 1 colher (sopa) rasa de chocolate em pó
- 1 lata de creme de leite com soro
- 1 colher (sobremesa) rasa de manteiga sem sal
- ½ xícara (chá) de nozes moídas
- 1 colher (chá) de essência de nozes
- 1 colher (chá) de essência de rum
- ¼ de xícara (chá) de licor de nozes ou rum

Baba de moça

- 350 g de açúcar
- 500 ml de água
- 1 canela em pau
- 1 fava de baunilha raspada
- 15 g de manteiga sem sal
- 50 g de amido de milho
- 300 ml de leite de coco
- 18 gemas peneiradas (320 g de gemas pasteurizadas)
- 1 colher (chá) de essência de baunilha
- 1 colher (chá) de essência de rum

Calda

- 1 xícara (chá) de açúcar
- 2 xícaras (chá) de água
- 3 cravos-da-índia
- ¼ de xícara (chá) de licor de nozes ou rum

Massa

Bata os ovos com o açúcar e o sal até que a mistura dobre de volume e fique firme. Junte a água fervendo e o licor de cacau. Em seguida, acrescente de uma só vez, as nozes, o achocolatado e a farinha. Bata em velocidade rápida. Por último, adicione o bicarbonato e o fermento em pó e envolva-os à massa delicadamente.

Coloque a massa em uma forma untada retangular de 38 X 28 centímetros e leve ao forno preaquecido a 180 °C. Asse até que esteja dourada e firme ao toque. Isso acontece em aproximadamente 35 minutos.

Creme de nozes

Enquanto o bolo assa, faça o creme. Em uma panela, coloque o doce de leite, a farinha e o chocolate em pó. Misture bem até incorporar tudo. Junte o creme de leite, a manteiga e as nozes. Leve ao fogo até obter um creme. Desligue o fogo e junte as essências e o licor. Misture e reserve.

Baba de moça

Em uma panela, faça uma calda em ponto de fio fraco com o açúcar, a água, a canela e a fava de baunilha. Desligue o fogo, junte a manteiga e deixe amornar. Em seguida, numa vasilha, dissolva o amido de milho no leite de coco e coloque as gemas. Adicione essa mistura à calda e volte a panela ao fogo, mexendo rapidamente até obter um creme firme e brilhante. Por último, agregue as essências e reserve.

Como untar a forma?

Esta dica é importantíssima para bolos confeitados. Forre a base da forma com papel-manteiga e não unte as laterais. Quando untamos com manteiga, a massa absorve a gordura e encolhe quando esfria. Se não untarmos, o bolo fica retinho. Ele gruda nas laterais, mas não se preocupe: use uma espátula ou faca fininha e pronto.

Por que não usar forno alto?

Você deve estar estranhando as baixas temperaturas do forno usadas em minhas receitas. Desse jeito, demora mais para ficar pronto, mas o resultado é muito melhor. Com o forno alto, a massa doura muito mais rápido e acaba ressecando por fora. Se resolver tirar o bolo quando a massa começar a dourar, a situação vai piorar, pois ele ainda estará cru por dentro.

Calda

Ferva a água com o açúcar e os cravos por 10 minutos. Desligue o fogo e junte o licor. Reserve.

Montagem

Corte a massa em três partes no sentido do comprimento e regue cada uma delas com a calda. Aplique o recheio de nozes sobre o corte de baixo, cubra com a parte do meio e aplique o recheio de baba de moça. Por fim, cubra com a última camada de bolo. Decore a gosto: chantili fresco, merengue, nozes, fios de ovos ou cerejas. Leve à geladeira e sirva gelado.

Sorvete de creme inglês

Rende 15 porções

Ingredientes

Sorvete

- 500 ml de leite integral
- 2 favas de baunilha raspadas
- 12 gemas peneiradas (220 g de gemas pasteurizadas)
- 200 g de açúcar
- 500 ml de creme de leite fresco

Crocante de amêndoas com laranja

- 1 xícara (chá) de açúcar
- ½ xícara (chá) de amêndoas picadas
- Manteiga sem sal para untar
- 2 colheres (sopa) de leite em pó
- 1 colher (sobremesa) de raspas de laranja

Modo de fazer

Sorvete

Em uma panela, ferva o leite com as favas de baunilha raspadas. Desligue o fogo e abafe. Deixe descansar por 15 minutos e reserve.

Bata as gemas e o açúcar até ficar bem claro. Junte aos poucos o leite, batendo sempre. Volte a mistura à panela e cozinhe em fogo baixo por aproximadamente 5 minutos, mexendo com a ajuda de um *fuet*. Retire as favas e deixe esfriar.

Bata o creme de leite fresco bem gelado até o ponto de chantili e junte-o ao primeiro creme, misturando delicadamente com um *fuet*. Despeje em uma travessa, cubra com filme plástico e leve ao freezer até endurecer. Sirva com o crocante de amêndoas com laranja.

Crocante de amêndoas com laranja

Caramelize o açúcar em fogo baixo, junte as amêndoas e despeje sobre uma superfície ligeiramente untada com a manteiga. Quando estiver frio, triture o crocante, adicione o leite em pó e as raspas de laranja. Você pode armazenar em um pote bem fechado, e o crocante deve durar cerca de 15 dias (ou até ele começar a grudar).

Toucinho do céu

Rende 25 porções

Ingredientes

- 200 ml de água
- 500 g de açúcar
- 300 g de farinha de amêndoas
- 1 pitada de sal
- 18 gemas peneiradas (320 g de gemas pasteurizadas)
- 2 ovos inteiros peneirados
- 1 colher (chá) rasa de essência de amêndoas
- açúcar de confeiteiro para polvilhar
- amêndoas para decorar

Modo de fazer

Leve a água e o açúcar ao fogo até formar uma calda rala com temperatura de 107 °C (meça a temperatura com um termômetro para cozinhar). Desligue o fogo. Junte a farinha de amêndoas, a pitada de sal, as gemas e os ovos inteiros, misture bem e leve ao fogo novamente até engrossar. Isso demora cerca de 7 minutos. Desligue o fogo e adicione a essência de amêndoas.

Despeje a massa em uma forma redonda de 20 centímetros de diâmetro untada e enfarinhada. Leve ao forno preaquecido e asse a 150 °C por 35 minutos. Deixe esfriar, polvilhe açúcar de confeiteiro e decore com amêndoas.

Agradecimentos

Minha profunda gratidão aos meus pais, João e Emília, e à minha irmã Márcia. Às minhas norinhas Mariane e Natália pelo carinho.

À Meire Lousa e família (Loja Santo Antônio) pelo apoio incondicional.

Ao *chef* Álvaro Rodrigues, que me mostrou que era possível reinventar o quindim com diversos sabores, e ao *chef* César Yukio por nos adoçar com suas delícias.

À minha amiga de infância Paula Carosi, e ao amigo Oswaldo Capasso e sua equipe da JWT.

À toda mídia escrita, falada e televisiva, a todos os amigos e clientes que conquistamos e aos nossos parceiros da Fleischmann, Frescoco, Tillamo, Dona Juca Design e Unilever/Brilhante.

Cátia Farias

Comecei a me arriscar no fogão aos sete anos de idade, quando passava as tardes com minha avó Maria. Ela era espanhola e cozinhava muito bem. Nada muito elaborado, mas era aquela comida perfeita do dia a dia que só as avós sabem fazer. Eu, muito observadora, não perdia nenhum detalhe.

Lembro-me muito bem dos preparativos para o Natal. Eu não esperava os presentes... e sim, a comida! É que começávamos a cozinhar um mês antes! Minha avó fazia mantecal e rosquinhas de pinga e estocava tudo na despensa. Aquilo era um tesouro... Eu não via a hora de o Papai Noel chegar para provar as delícias. E foi assim que comecei a descobrir cheiros, aromas e sabores.

Quando me casei com o Ricardo decidi me dedicar à família. Em 1988, nasceu o Cauê e, em 1991, o Lucas. Minha maior satisfação era mimar meus meninos com comidinhas, fossem elas salgadas ou doces.

Foi então que, em maio de 2010, o quindim, de uma hora para a outra, entrou pra valer em nossas vidas. De dona de casa, me tornei uma mulher de negócios.